É SIMPLES SER FELIZ

A arte da superação

COLEÇÃO CELEBRAR A VIDA

- Aos avós: duas vezes pai e mãe
- Celebração de bodas: para lembrar as datas principais
- Crisma: um presente do Espírito Santo
- É simples ser feliz: a arte da superação
- Na festa dos teus quinze anos: um presente da vida para ti
- No dia da primeira eucaristia: a ceia do Senhor
- No dia da tua formatura: uma conquista mais que feliz
- No dia do teu casamento: com as bênçãos do amor
- O dia do teu aniversário: celebrando essa data especial
- Para ti, catequista: profeta no mundo de hoje
- Para ti, sacerdote: uma vida feita de doação
- Renascer pelo batismo: um dia mais que especial

José Carlos dos Santos (Frei Zeca)

É SIMPLES SER FELIZ

A arte da superação

**Dados Internacionais de Catalogação na Publicação (CIP)
(Câmara Brasileira do Livro, SP, Brasil)**

Santos, José Carlos dos
   É simples ser feliz : a arte da superação / José Carlos dos Santos (Frei Zeca).
– 2. ed. – São Paulo : Paulinas, 2008. – (Coleção celebrar a vida)

   ISBN 978-85-356-1272-1

   1. Auto-realização (Psicologia) 2. Conduta de vida 3. Depressão mental
4. Felicidade 5. Vida cristã I. Título. II. Série.

08-08050   CDD-248.4

Índice para catálogo sistemático:
1. Felicidade : Vida cristã : Cristianismo 248.4

2ª edição – 2008

Citações bíblicas: *Bíblia Sagrada, tradução da CNBB, 2ª ed., 2002*

Direção-geral: *Flávia Reginatto*
Editora responsável: *Celina H. Weschenfelder*
Auxiliar de edição: *Márcia Nunes*
Coordenação de revisão: *Andréia Schweitzer*
Revisão: *Patrizia Zagni e Ana Cecilia Mari*
Direção de arte: *Irma Cipriani*
Gerente de produção: *Felício Calegaro Neto*
Fotos: *Arquivo Paulinas*
Projeto gráfico e produção de arte: *Cristina Nogueira da Silva*

Nenhuma parte desta obra poderá ser reproduzida ou transmitida por qualquer forma e/ou
quaisquer meios (eletrônico ou mecânico, incluindo fotocópia e gravação) ou arquivada em
qualquer sistema ou banco de dados sem permissão escrita da Editora. Direitos reservados.

Paulinas

Rua Pedro de Toledo, 164
04039-000 – São Paulo – SP (Brasil)
Tel.: (11) 2125-3549 – Fax: (11) 2125-3548
http://www.paulinas.org.br – editora@paulinas.com.br
Telemarketing e SAC: 0800-7010081
© Pia Sociedade Filhas de São Paulo – São Paulo, 2004

Dedico este livro a todas as pessoas
que não pensam a vida como uma realidade
estagnada, por acreditarem que o melhor
da existência está sempre por vir.
Pessoas assim são bem-aventuradas,
porque vão tornando-se , aos poucos, autodidatas
na arte da superação. Pela força da fé,
pelo otimismo, pela coragem e pela gana de viver,
são capazes de transformar as pedras em degraus,
as dificuldades em incentivos e a vida
numa experiência maravilhosa.
Por isso são imprescindíveis ao mundo.
Elas fazem a maior diferença!

Agradecimentos

Agradeço e louvo a Deus, Senhor da vida e fonte de todas as bênçãos, pelas pessoas que partilham alegrias, suscitam esperanças e por aquelas que tomam pela mão e colocam de novo em pé os irmãos que estão sentados à beira do caminho, estacionados no fracasso de um sonho e na dor de uma experiência amarga ou de uma perda irreparável que lhes roubaram o sentido de viver.

A todas as pessoas que Deus colocou em minha vida e que me ofereceram amizade, amor e apoio, manifesto minha gratidão. Aprendi delas que não se pode abandonar a luta pela felicidade em razão de uma batalha perdida, pois a vitória é daquelas que estão prontas a recomeçar quantas vezes forem necessárias.

Obrigado, amigo leitor!

Introdução

Esta obra não é nem pretende ser um estudo de cunho científico a respeito da "depressão", como também não é um receituário de fórmulas mágicas indicado para se vencer tal problema.

O objetivo deste livro é o de que cada prece e cada mensagem sejam uma forma de "remédio" muito benéfico, que ajude as pessoas a se sentirem mais fortes, encorajadas e apaixonadas pela vida.

Quando alguém enfrenta a depressão ou outra enfermidade, acreditando e sentindo que a mão de Deus está sobre os seus ombros, torna-se bem mais fácil encontrar o caminho da superação e da cura. Pessoas fortes espiritualmente encontram forças que as tornam infinitamente maiores que suas dores e seus problemas.

Amigo leitor, eu te desejo muita paz!

O TEU MELHOR MOMENTO

Diga sempre a ti mesmo:
Meu melhor momento é agora.
Seja ele feito de alegria ou de dor,
de sucesso ou de fracasso,
de glória ou de calvário,
de companhia ou de solidão,
de descanso ou de trabalho,
de certeza ou de dúvida,
de encontro ou de desencontro,
de acolhida ou de abandono,
de presença ou de saudade.
Meu melhor momento é agora!
Ele é tudo que tenho em minhas mãos.
O passado, por mais feliz que tenha sido,
não mais me pertence.
Com este presente, feliz ou não,
posso tentar construir um futuro melhor,
porque ele chega até mim
carregado de esperança.

UMA SÚPLICA AO SENHOR

Senhor da vida,
estou no poço profundo da depressão.
Não entendo por que a tristeza me consome
se não me faltam motivos para ser feliz.
Tenho saúde, não me falta o pão e
estou rodeado de pessoas que me amam.
Perdoa-me, Senhor, se penso, às vezes,
que morrer seria a melhor solução.
Sei que esta é uma terrível tentação
contra a qual necessito lutar e vencer.
Sei que queres a vida para teus filhos,
e vida feliz, em abundância.
Toma-me, Senhor, pela mão, levanta-me!
Ajuda-me a superar as perdas sofridas
e o sentimento de fracasso também.
Só em ti posso encontrar abrigo.
Vem, Senhor, em meu socorro
e restaura-me o encanto pela vida.
Amém!

SÊ FELIZ!

*Mesmo que o mundo inteiro
tenha ruído à tua volta,
é possível reconstruí-lo
enquanto se vive.
Se um grande amor caiu por terra,
não hospedes a solidão em teu coração.
Lembra-te de que amores vão e vêm,
até que um chegue para ficar.
Consola-te e abre-te ao amor!
Se a morte roubou algum ente querido,
que deixou saudade, vazio, tristeza
e um sentimento de desproteção,
lembra-te de que a vida prossegue!
Conserva o melhor de quem partiu,
fazendo das boas lembranças,
da amizade e do amor, que jamais morrerão,
um incentivo para viver intensamente.
Quem partiu espera isso de ti!*

CULTIVA ALEGRIA E OTIMISMO

*Se tu podes ser feliz,
então, por que não ser?
Não permitas que nada e ninguém
te impeçam de ser feliz.
Se o sonho que movia tua existência
quebrou-se, como porcelana rara,
não percas tempo colando os cacos.
É melhor conceber um sonho novo,
pois a vida é sementeira de sonhos.
Para novos sonhos, exigem-se novas batalhas,
novas inspirações e forças renovadas.
Por que reclamar tanto dos desafios?
Por que sentir-te menor que os problemas?
Por que fazer da vida um vale de lágrimas?
Por que pensar na morte como solução?
Por que isso? Se cultivares alegria e otimismo,
tudo será mais fácil
e os resultados serão melhores.
Lembra-te: tu podes ser feliz!*

QUANDO SE PERDE ALGUÉM

Senhor, perdi alguém querido demais.
Sinto que metade de mim também morreu.
Ficou um vazio que ninguém preenche
e uma dor que não encontra consolo.
Meu pão são as lágrimas dia e noite.
Lutei como pude contra a depressão,
entreguei os pontos e fui à lona.
Sinto-me mergulhado no meu "nada".
Perdoa-me, se ainda clamo o teu nome!
A mais ninguém posso recorrer,
pois és minha única esperança!
Olha para mim, com misericórdia.
Se não posso entender e aceitar essa perda,
dá-me forças para superá-la
e reencontrar o sentido de viver,
até que seja cumprida a minha missão.
Amém!

O SENHOR É MEU PASTOR

*O Senhor é meu pastor, nada me falta.
Em verdes pastagens me faz repousar;
para fontes tranqüilas me conduz
e restaura as minhas forças.
Ele me guia por bons caminhos,
por causa do seu nome.
Ainda que eu caminhe
por um vale tenebroso,
nenhum mal temerei,
pois estás junto a mim.
Teu bastão e teu cajado me dão segurança.
Diante de mim, preparas a mesa,
à frente dos meus opressores;
unges minha cabeça com óleo,
e minha taça transborda.
Sim, felicidade e amor me acompanham
todos os dias da minha vida.
Minha morada é a casa do Senhor,
por dias sem fim.*

(cf. Salmo 23[22])

UM DIA APÓS O OUTRO

*Se tu não vives um dia após o outro,
angustiado com o amanhã...
Se sofres antecipadamente
as dores e as tristezas que não aconteceram...
Se não sabes resolver os problemas um por vez,
priorizando o que é mais urgente...
Se fazes do coração um depósito de mágoas
e ressentimentos sem espaço para o perdão,
transformando-o em uma chaga aberta...
Se a única preocupação no trabalho
é apenas conquistar bens, ter e acumular,
esquecendo-te de que o mais importante é SER...
Se não descobriste as razões mais profundas
que podem gerar a verdadeira felicidade
e que justificam a graça de viver...
Tu és um sério candidato à depressão!
Coloca, então, teu coração em Deus,
orando a prece da próxima página.*

UM CLAMOR AO SENHOR

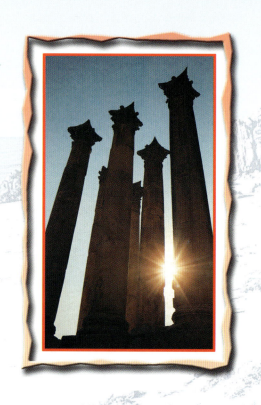

Senhor Deus,
desejo acordar livre,
mas continuo aprisionado e infeliz.
Cada dia é um novo pesadelo.
É assim que me sinto, Senhor!
Tenho recorrido aos médicos,
mas o meu coração clama por ti!
Tua graça me basta,
para que eu seja maior que tudo isto.
Quero voltar a sorrir, a sonhar,
a construir e a bendizer o teu nome.
Abençoado e fortalecido por ti,
poderei romper estas amarras
e redescobrir que, na vida,
eu tenho o direito e o dever de ser feliz.
Ouve, Senhor, o meu clamor!
Amém!

TU ÉS MAIOR QUE A DEPRESSÃO

Não te deixes tomar pela depressão.
Tu és maior que ela!
Não aceites despir-te das cores da vida,
pois é triste demais
ver a existência em preto-e-branco.
Um coração vazio de otimismo
expõe os pés a contínuos tropeços,
pois sem a luz da fé
tende-se a curvar sobre si mesmo.
Tenta reagir,
não te entregues!
Às vezes é preciso chegar ao extremo
para experimentar a graça de renascer.
Tu existes há mais tempo que a depressão.
Tu és maior e podes vencê-la!

MOSTRA-ME TUA FACE

*Não escondas tua face de mim
no dia da minha angústia.
Inclina o teu ouvido para mim e,
no dia em que te invoco,
responde-me depressa.
Pois meus dias se consomem em fumaça
e como braseiro queimam meus ossos.
Pisado como relva,
meu coração está secando,
até mesmo de comer meu pão
eu me esqueço.
Estou como pelicano no deserto,
como ave solitária no telhado.
Meus dias são a sombra
que se expande,
e eu vou secando como a relva.
Não escondas tua face de mim!*

(cf. Salmo 102[101])

DEUS TUDO PODE – PRECE

Senhor e Pai,
sabemos que a depressão
é um inimigo sutil e silencioso.
Começa a matar por dentro,
destrói as esperanças,
cega os olhos da fé,
algema as forças do coração
e mina a alegria de viver.
Perdoa-me, Senhor, se não consigo reagir,
pois me sinto sem forças.
Livra-me deste momento difícil,
porque anseio muito pelo abraço da vida.
Senhor, eu creio que és
"o caminho, a verdade e a vida" (cf. Jo 14,6).
Toma minhas mãos, coloca-me em pé
e conduze meus passos para a vitória.
Amém!

ROMPENDO AS ALGEMAS

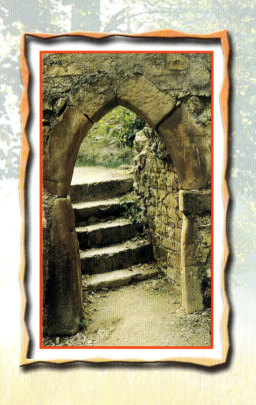

*O momento que tu vives agora
se chama presente.
Nele, tu deves estar por inteiro para poder
vivenciar as surpresas de um outro momento
que ainda não é teu, mas está por vir.
É o amanhã, o futuro,
que, por enquanto, só a Deus pertence.
O passado já não é mais teu.
O presente, sim, é teu!
Não permitas que nada te frustre
e que ninguém roube as esperanças
que ele coloca em tuas mãos.
A vida é a arte de ser livre.
É tarefa constante de romper algemas,
superar desafios, galgar novos degraus
e cantar aos ventos a ópera da liberdade.
Passado sem algemas,
presente sem depressão, coração livre.
É tudo o que alguém necessita
para ter uma vida feliz.*

O SENHOR PROTEGE TUA VIDA

*Levanto os olhos para os montes:
de onde virá o meu socorro?
O meu socorro virá do Senhor,
que fez o céu e a terra.
Ele não te deixará tropeçar.
Ele te guarda sob a sua sombra,
ele está ao teu lado.
O Senhor te guarda de todo mal
e protege a tua vida.*

(cf. Salmo 121[120])

É SIMPLES SER FELIZ

Como definir uma pessoa feliz?
Pela intensidade de seus relacionamentos?
Pelo êxito de suas atividades?
Há quem tenha vida social intensa
e sente-se solitário e infeliz.
Há quem seja bem-sucedido financeiramente
e vive de máscara e outros artifícios,
para esconder e disfarçar a infelicidade.
E tu, és feliz?
Como poderias definir tua felicidade?
Que valores tu cultivas para ser feliz?
O momento mais lúcido de um ser humano
é aquele em que se faz a descoberta
de que é simples ser feliz.
Não tenhas medo de recomeçar.
A perseverança e a fidelidade aos teus ideais
devem acompanhar-te na busca da felicidade.

SEM DEUS NADA SOMOS

Tu consegues imaginar-te sem Deus?
Há quem afirme que sim!
Mas não podemos crer
que tais pessoas sejam felizes.
Como poderia viver em paz
uma criatura que abandona o Criador?
É perigoso buscarmos a felicidade
vestidos de auto-suficiência
e fartos de prepotência.
Sem Deus nada somos e nada podemos.
Olha para dentro de ti mesmo, aí está Deus,
e onde Deus está, o paraíso se faz presente.
O céu está dentro de ti!
Talvez a infelicidade que te aflige
seja conseqüência da falta desta descoberta.
Quem busca a felicidade longe de Deus
terminará distante até de si mesmo,
na companhia de uma solidão vazia
que nada e ninguém poderão preenchê-la.
Lembra-te: nunca sem Deus!
Seja a tua busca só nele.

CONTAGEM REGRESSIVA

Um dia tu desististe de lutar,
baixaste a guarda diante da depressão
e deixaste ser vencido por ela.
Jogado à lona onde te encontras agora,
creio que tu ainda escutas o grito da vida,
fazendo a contagem regressiva,
apostando que tu irás te levantar
para travar a mais valente de todas as lutas
e escrever o capítulo da vitória.
Vamos! Ajuda a ti mesmo,
porque ninguém poderá te ajudar
se não fores o primeiro a fazê-lo.
Remédios, orações, amizades e palavras
só farão efeito se tu reagires.
Lembra-te: nada vale tanto a pena
quanto lutar para ser feliz.
Levanta-te! Coragem!
A contagem regressiva terminou.
Recomeça a lutar!
Tu nasceste para ser feliz!

TU ÉS MEU REFÚGIO

Gritando ao Senhor, eu imploro!
Gritando ao Senhor, eu suplico!
Derramo à sua frente o meu lamento,
diante dele exponho a minha angústia
enquanto meu alento desfalece.
Eu grito para ti, ó Deus, e digo:
"Tu és o meu refúgio,
a minha parte na terra dos vivos".
Dá atenção ao meu clamor,
pois já estou esgotado.
Faze-me sair da minha prisão,
para que eu agradeça ao teu nome!

(cf. Salmo 142 [141])

CONGRATULAÇÕES

Parabéns!
Já não és mais o mesmo
de quando começaste a ler este livro.
Alguma coisa mudou, e para melhor!
O teu horizonte já não é tão longínquo.
As cores do teu arco-íris voltaram.
O teu sorriso, janela do teu rosto,
começou a anunciar, sem medo,
que o coração está em casa.
Estás feliz!
Tu readquiriste a confiança e
reconquistaste a auto-estima
e a decisão de ir à luta.
No fundo, era realmente isto
que tu esperavas de ti mesmo
e o que todos desejavam a ti.
A vitória agora está mais perto,
porque tu decidiste acreditar na vida
e no sublime dom que Deus reservou a ti:
tu podes e mereces ser feliz!

APAIXONA-TE PELA VIDA

Apaixona-te pela vida todos os dias!
Ela pulsa e revela-se
em tudo que vives e respiras.
É um sopro do eterno
que anima a tua finitude humana
e aponta para o teu único e feliz destino:
a eternidade.
Tu podes fazer perguntas e dar respostas
sobre o porquê da tua existência.
Apaixona-te pela vida!
Podes cativar as pessoas e ser cativado,
decidir teu próprio caminho,
programar o teu dia-a-dia, apostar tudo no amor
e cultivar um grande ideal.
Tu podes não ser o mais perfeito de todos,
porém és uma criatura especial
que pensa, sonha e luta
pela tua felicidade e a dos outros.
Apaixona-te pela vida todos os dias.
Esta é uma maravilhosa experiência.

Sumário

Agradecimentos.. 7

Introdução... 9

O teu melhor momento 10

Uma súplica ao Senhor 12

Sê feliz! 14

Cultiva alegria e otimismo.............................. 16

Quando se perde alguém.................................. 18

O Senhor é meu Pastor.....................................20

Um dia após o outro 22

Um clamor ao Senhor 24

Tu és maior que a depressão...........................26

Mostra-me tua face..28

Deus tudo pode – Prece....................................30

Rompendo as algemas 32

O Senhor protege tua vida...............................34

É simples ser feliz 36

Sem Deus nada somos......................................38

Contagem regressiva..40

Tu és meu refúgio 42

Congratulações...44

Apaixona-te pela vida......................................46